Pilar Abuja

Informe para derrocar al príncipe azul

sabina
e d i t o r i a l

Informe para derrocar
al príncipe azul

Para mis hijos, Alfredo y Gonzalo, para mi padre Ángel y mi madre Pili por enseñarme el amor ilimitado. Para mi hermana Almu y mi hermano Kiko y para mis amigas del alma por su apoyo incondicional.

Siempre.

Y nadie sabe

cuánta muerte

cabe en un gesto

o en un grito

que no se deja salir.

Josefina Plá – *La mujer y su sombra*

Puedes dispararme con tus palabras,

puedes cortarme con tu mirada,

puedes matarme con tu odio,

pero aún así, como el aire,

me elevo.

Maya Angelou – *Still I Rise*

Estoy cansada de estar callada.

Me duele la voz de no usarla.

Dulce María Loynaz – *Últimos días de una casa*

No quiero que me entierren con discursos.
Quiero que me entierren con palabras nuevas.
Con gestos de amor limpio.
Con voces de mujeres libres.
Con cantos de justicia.
Ángela Figuera Aymerich – *No quiero*

Sé que la fuerza
del amor
es ilimitada.

Aunque no entiendo
por qué
desde niña
tantos cantos a ser dos
como si el dos,
fuera el número único,
y el amor romántico
la única fe.

Me toca reescribir los cuentos
de siempre
para encontrar un "nunca más"
que desvele
mitos tan antiguos
que no constan en las crónicas.

Para deshacer silencios
que rompen y matan.

Mujeres amenazadas
por amantes irresponsables y
brutales,
hombres
que se sintieron príncipes azules poderosos.

Por todas ellas que no están,
y por nosotras,
esta es mi historia.

ÉRASE UNA VEZ EL AMOR
1990

1. Creo en ti, Amor ilimitado

Creo en ti, Amor todopoderoso,
creador de mi cielo y de mi tierra
inspiración de todo lo visible y lo invisible,
nacido de cuentos,
de poetas y de tantas canciones,
engendrado en las letras que tantos libros
de la Tierra
explican para mí.
Para nosotras.

Creo en ti, Amor, y desde niña
he cantado tu esencia:
tú, mi solo amor verdadero
y mi gran amor
aún por venir y ya infinito.

Y mi entrega será absoluta

y será ciega porque está escrito así;

y porque lo mandan tradiciones

y finales de dulce y rosa

y de cine

y de siempre dos.

2. Y te imagino

Creo en ti
hombre desconocido.

Y te imagino
Azul, sin rostro aún, pero apuesto
y alto y bello, omnipresente
príncipe supremo y
salvador.

3. Amor todopoderoso

Tú.

El amor.

Mi dios todopoderoso.

Por los siglos de los siglos.

Amor.

4. Siempreazul

Yo,
presa de cuentos y leyendas,
te invoco.
Porque estoy dispuesta,
dispuesta a construirte
quijotesca, idealista delirante.

Yo
te invoco.
Te espero.

Siempreazul.

Nuestro destino.
Tú y yo.

– Ven a mí – me pedirás cuando llegues –

ven a mí,

ven.

5. El encuentro

Y érase una vez
en la cima del dolor
en el nobosque,
una voz más seductora
que la del resto de las criaturas
preguntando por mí.

Me llamó y pensé:
– Sabe mi nombre y ve.
Ve cómo camino y camino
por senderos abruptos,
silenciada y con los pies en el aire.

Hombre y

príncipe de todos los cuentos de las hadas

y arrogante y guapo y apuesto y

atractivo y fascinante.

Siempreazul.

6. Vente a mi reino lejano

Y el Príncipe me habló así:
— Ven. En mis brazos
encontrarás lugares
todavía sin nombre
porque he reinventado el paraíso
con mis manos, y
palacios de pasión y de piel para ti.
Ven.

Mío
es el reino lejano
que narraban los cuentos.

Yo
soy el único dueño,
de todos los relatos con final feliz. Ven.

Yo
soy Príncipe y Azul.

Ven. Y el mundo
quedará fuera de nuestro mundo,
porque está escrito.

Ven, porque
no hay lobo feroz
que yo no pueda vencer.

Yo.
Yo que convoco a la tradición
y a la costumbre
que es solo la Historia de los Hombres.

7. El flechazo

Y te vi,

y

yo

pensé que llegabas de senderos lacerantes,

como yo.

Te había llamado con todos los nombres del mar,

del mar que conocía, y en todos los rincones

y arenales

y caminos

y desiertos del Planeta de los Hombres.

Y ahora vienes hacia mí

directo.

Y ya te amo, enamorada
del amor y de ti, solo con verte.
Del amor.
De ti.

8. Tú eres el camino

Y creí.
Confié en ti.
Ciega de fe.

Porque tú eres el camino,
la verdad,
y la vida.

Por los siglos de los siglos.

Amor.

9. Época mítica

Me cogiste de la mano
y del deseo;
y te seguí.

Época mítica.

Hasta tu mundo.
Empeñada en tus ojos intensos.
Seducida. Serás mi único
amor.
Estoy enamorada.

Hacia tu reino lejano.
Hacia ti, mi horizonte de cielo,
mi Azul.

10. En tu reino Azul

Y
a tu lado, yo
doy y daré fe
del amor del que hablaban los siglos,
los poetas,
las amantes
y las almas.

Príncipe y Azul en todos los cuentos.
Heredero del rey anónimo y constante
de los relatos del mundo.

En la tierra prometida
en tu reino lejano.

Tú eres

tan

Príncipe.

Y

tan

Azul.

LAS GRIETAS EN LOS CUENTOS
1991-1996

11. Lejos de mi vida de siempre

I

Y está lejos tu reino
de mi mundo inazul
y mi vida de antes
se aleja de mí.

He perdido el trabajo.
He cambiado la urgencia
de los lunes, papeles,
llamadas y correos
por tareas y quehaceres
que antes siempre negué.

Lo intentaré, porque toca adaptarse,
organizar otro mundo distinto
de labores ingratas, obligadas
y aprender.

Aprender a cuidar nuestra casa
como se cuidan sueños bellos
que se evocan varias veces
después de despertar.

Aprender a sentir promesas limpias
en cada prenda de ropa,
tendida al aire y libre
como un pensamiento.

Aprender a hacer bien la cama
para que las sábanas tibias
reaviven nuestros besos y abrazos,
o ese hueco en la curva de tu hombro
que parecía un hogar.

II

Se trata de repetir esos gestos generosos
que mi madre rebelde tampoco quería
y que la madre de mi madre
aprendió sin remedio y sin querer.
Por los siglos y los siglos
de renuncias.

Porque hay batallas que se heredan.

Como estas tareas que millones de madres
ya resolvieron en luz antes de mí.
Madres que amaban la vida y creyeron
en el amor y en príncipes apuestos
y
que tenían
como yo
nombres de mujer.

12. De bares

De bares, como muchas otras veces
unas tapas y unos vinos. Y en la mesa
hablan del trabajo, yo callo, me siento
extraña aquí y buscando mi lugar:
combino entrevistas de trabajo
con la casa y con mis versos a solas,
no intervengo, solo escucho.

La noche avanza despacio.

– ¿Qué tal? ¿Te vas adaptando? – me pregunta
con una sonrisa su compañero.

– Hace lo que puede – se adelanta mi príncipe –
Ya sabéis, lo suyo es la literatura
y en casa la creatividad no falta.

Eso sí,

el caos gana… y por goleada.

Rieron. Mi príncipe me miró fijamente

y yo bajé la mirada y

sin ganas, también me reí.

¿Dónde está su azul hoy? – pensé.

Está oscuro mi príncipe y yo en su reino lejano

no conozco sus gestos, ni su voz

que antes era de miel y de mar.

Llegamos a casa, se acuesta y se duerme

esta noche en la cama yo aparto su brazo

y rescato distancias entre mi piel y su piel.

13. La visita

I

Hoy vino mi amiga, café y pasteles,
sin anunciarse y…
sorpresa… de luz y risas.
Yo me sentí de sol y nuestras voces
llenaron el salón por unas horas.

Se hizo tan corta la tarde que no vi
que era tu hora de llegar a casa.
Y no escuchamos tus llaves ni tus pasos,
tan solo el ruido seco de la puerta.

Tus ojos lejanos, remotos. Tú.
Nosotras. Mi amiga y yo. Tus palabras:
– No me has avisado de que había visita.
Mi mundo se repliega, avergonzado.

II

Reino distante. Mi corazón que no,
no entiende la textura de tus gestos.
Que estás harto, que te deje tranquilo
– que no quiero visiteos – me susurras.
Negando luces, soles y sorpresas.

De mañana preguntas por mis planes,
y reiteras que no quieres invitadas.

Una grieta en el cuento
o es que Azul no es Siempreazul
como contaban.

14. Se me pasó

Y cancelé cafés con pretextos muy suaves
porque amor eres tú y porque nos amamos mucho
y porque – qué haría sin ti – como tú bien repites,
porque el amor es – sin duda – lo más importante.

Y aprendí a responderte sin decir casi nada,
para no romper la paz que tanto te alimenta
en el reino, en la casa, este mundo tan nuestro
donde nunca hace falta nadie más que tú y yo.

Y aquel día quedamos al salir del trabajo
y te esperé y te esperé, pero tú no llegabas.
– Se me pasó – me dijiste esa noche – me liaron,
trabajo, compañeros y cervezas, ya sabes.

Pero yo no sabía. Y solo fueron tres horas
que se me hicieron muy largas. Evité yo el roce
de tu cuerpo esa noche, y esquivé tus ojos.
Y me sentí dolorida y pequeña, y más frágil.

15. Nochebuena

Nochebuena. En su familia.
Está fría la tarde
de invierno.

– Salid que es pronto
y no cabemos en la cocina.

– Pues sí, vámonos
y así probamos tu coche
nuevo.

Yo voy delante, a su lado
hermanos y cuñadas detrás.
Los padres se quedan
y las hermanas.
Y el coche tan nuevo

brilla

en los escaparates pequeños.

   Un pueblo

dos pueblos

y tres.

Y los bares

complacientes.

Vino y noche.

16. Tu coche nuevo

– No cojas ese desvío.
Ni los tractores cogen ya
esta carretera – es mi voz
directa y clara. Ignorada.

Su mirada anochecida
y la carretera intransitable
baches y piedras.

El golpe cerrado,
en los bajos del coche.
Socavón.

Llegamos.

– No ha pasado nada,
¿ves?

Miramos y el silencio
se alarga sobre la calle.

Un charco negro
debajo del coche.
Brilla.

17. ¿Y tú, bonita?

Cenamos.

– ¿Qué tal el coche nuevo?
– el padre – . Mañana me das una vuelta
antes de iros
y lo probamos.

Miramos y el silencio se alarga
sobre la mesa.

– Al coche se le ha roto el cárter
– mi voz abierta, continúo – el desvío,
el ramal …

– Ni los tractores cogen ya
esa carretera – me interrumpe

el padre. Y parece eco
de mi advertencia de antes
en el coche aún nuevo.

   – ¿Y tú, bonita? – mi príncipe
vocea hacia mí –
¿Qué has estudiado?
¿Por qué no te callas
de una jodida vez?

   Su mirada intransitable
y la mesa oscurecida,
palabras y piedras.

   El golpe cerrado,
en mi pecho.
Socavón.

Miran y el silencio
se coagula sobre la mesa.
Me levanto rota.

Mis ojos inundados.
Brillan.

18. No entiendo nada

– Me voy, disculpad.

Me pongo el abrigo
con el corazón intransitable.
No entiendo.
No puedo entender.

– No te vayas, hija,
no es nada, el vino – su madre
me sigue –
No se lo tengas en cuenta,
estos chicos
y…

No sé a dónde ir.

Su familia.

Y el mundo.

Siempre tantos silencios mirando.

Me aterran.

Sola.

Y mi príncipe está oscuro.

19. Odiaramarme de noche

I

En este reino donde hasta el viento
sabe y habla el idioma más antiguo
del amor, él me amaodia
y yo me pierdo.

Y pierdo pie.

Y es que mi príncipe
me odiama, intensamente,
me grita
y luego no lo recuerda,
y lo niega al día siguiente
cuando me ama otra vez.

II

Se duerme apenas roza la almohada,
yo en vela y con el eco eterno
de todos sus gritos odiamándome
noche tras noche. Si toca gruñido:

– El don de la oportunidad, la niña,
con lo guapa que estás calladita.

– Te crees que la vida es de color rosa,
– me repite – qué niñata, la vida real es esto.

– Fue así también con mi ex, sois todas iguales
y a ver si maduras, otra doña perfecta.

III

Si toca amor: las huellas de sus dedos
desvían el cauce de los ríos conocidos
y dictan leyes nuevas al sol, a la luna
y a las cuatro estaciones. Y es que
la Tierra se ha parado a contemplarnos,
donde nacen los pájaros.
Y nos espera gentil, y generosa
detenida en la línea azul del horizonte,
justo donde se unen la vigilia y los sueños.

20. Amarodiarme de mañana

I

Si la noche anterior me odioamó
y fue un coro de sombras amargas
entonces, sentada con un desconocido
desayuno un café de distancia
con tostada de reproche
y mermelada cobarde.

Pero su mano bajo la mesa aprieta
la mía. Deduzco apenas su disculpa.
Sé que su excusa y su promesa de cambio
son sus dedos que entrelazan los míos.

Me busca porque me necesita – me dice –
como el mar inmenso necesita a su orilla,
para no desbordarse de todo.

II

Escondo mi daño y sus hostilidades
a mi padre, a mis amigas,
a mi madre, a mis hermanos.
Yo callo y él repite
y repite
que son secretos de alcoba,
que no existe pareja sin conflictos,
sin riñas ni enfados,
que soy yo y mi talante infantil.

Me siento perdida, pequeña
y culpable. Son ciertos sus celos.
Los hombres me miran y soy yo
que no sé ni vestir. Y él me traduce
a un te quiero sus gritos sin freno
que son justos y son por mi bien.

Mi familia es la rara,
mis amigas absurdas,
mi trabajo simplezas,
tengo al mundo engañado,
no soy inteligente, ni bondadosa
ni alegre, ni fiel.

III

Y pasan días y meses y años. Y yo
le sigo por la geografía secreta que traza
su manera de odiaramarme, a quemarropa.

Me quiere, pero de niño
le faltó mucho amor y por eso
no sabe decirlo. Yo elijo creer su verdad.

Tengo que aprender, y aprenderé
a comprender, a convivir. Soy yo,
es que soy demasiado sensible.

Elijo creerle y me digo:
— Seguro, son historias normales,
y soy yo, que de amor de verdad
no sé nada.

21. Papá

I

Acabamos de llegar a casa, solos.
En el coche, su música de rock
a todo volumen. Venimos
del entierro de mi padre.

Mi padre murió ayer.

— Venga a llorar,
y venga a llorar…
A ver qué va a hacer la niñita, ahora,
sin su papi. Si era el único
que siempre la comprendía.
Ahora sí que vas a estar sola.

II

Lejos, en Castilla,
las campanas del pueblo
doblan por mi padre,
y yo
las oigo repicar dentro de mí,
alto y despacio.
Dolor.
– ¡DEJA DE LLORAR y CÁLLATE!
¿No me ves a mí?
Yo también sufro,
pero no te amargo la vida, ¿no?
No hay quien te aguante.

Se marcha al bar pisando fuerte.
Portazo.

III

Las campanas callan.

Pero la soledad dobla y redobla.
Dolor. Dolor. Dolor.

Alto y despacio...

– Papá,
eras tan padre
y padre
        y padre.

22. Mi amor le cambiará

Porque seguro que Amor
nos hará diferentes
y mejores.

Sé que este amor irremediable,
que me ata a tu nombre ya antes de nacer,
estaba escrito.

Te enseñaré
el amor incondicional sin dolor
que heredé de mi padre
y que legaré a nuestros hijos;
y cambiarás, como el mar azul
que reconoce en la lluvia dulce
otra forma distinta de ser agua.

Y el mundo entero
y los hijos y los días
y el universo
nos unirán más,
y más.

Más.

DONDE MUEREN LOS MITOS
1997-2008

23. Sin cenar

Sobre la mesa puesta
y la cena perfecta
cayó esta oscuridad
que anochece los platos
y desluce mi esfuerzo.

Ya son dos,
tres,
cuatro
y
cinco
horas
enemistada con esta ventana
por la calle vaciándose de sol
y los platos repletos
de espera.

Aquí, en su reino prometido
su gente, su ciudad, sus calles
y es mi cena a solas
solo mía.
Sola.

Ya son cinco
seis
y siete
horas
enfrentada a esta ventana
con las aceras dormidas
y los vasos rebosando
ansiedades.

Y es que no ha avisado y
no llama,
no viene y no está.

No

está.

24. Los pasos densos

El ascensor para
aquí y ahora. Se abre
y los pasos lentos y pastosos
son suyos.

La llave que resbala
en la puerta y no abre
a la primera.
Y por fin.
Por fin el ruido de las vueltas
despacio.
El olor agrio y dulzón.
Es suyo.

No enciende y sin luz
su aliento

y yo en la ventana

sobrada de espera.

Tantas horas.

La ventana

es mía.

– Holaa – la voz que se arrastra

densa y tropezante

es suya; y

el mutismo tupido y compacto

es mío.

– Me enredaron, ya sabes – escucho.

La voz apesta sucia.

Las sílabas tan largas, interminables

son suyas.

– Pues la próxima vez, avisa – el reproche

es mío.

25. El miedo

Y enciendo la luz y le veo.

No es mi príncipe azul,

es oscuro.

Es tan grande, tan alto a mi lado.

– ¿Qué hace la mesa puesta a estas horas?

¿Es que no puedo salir cuando quiera?

¿QUÉ SOY? ¿SOY UN PERRO?

para que me lleves del collar

donde quieras.

Controladora, como tu madre,

cada día te pareces más a ella.

Explícaselo a tu papá, anda,

a ver qué te dice desde el cielo.

O a tu madre, la importante,

seguro que esa sargenta tendrá,

como siempre,

todas las respuestas...

Los gritos son suyos.

La mirada de rabia cortante

y extraviada

es suya.

Y el miedo

es mío.

26. Aquí

Me acerco.

– Me voy,

no puedes tratarme así.

Le miro hacia arriba

la mano se abre

y abierta baja.

Es suya.

Los ojos rojos y turbios,

el desprecio absoluto.

Suyos.

Se tambalea.

– No es para tanto, exageras.

¿QUÉ PASA?

¿VAS

A VOLVER A CASITA CON MAMÁ?

No te lo crees ni tú.

Y la risa irónica, hiriente,

insultante

es suya.

La mano que se arrepiente

y se para.

Es suya.

Voy hacia la puerta.

Sin trabajo, sin dinero,

sin amigas, sola y aquí.

Y el reino es suyo.

27. El dormitorio es suyo

Se marcha al dormitorio.
Es suyo.

Y se tira en la cama
ausente y vestido.

Tres minutos después
le oigo. Ronca.
Ebrio de seguridad.

Yo no tengo a donde ir.

Abrazada a mí misma
me acuesto en el sillón.

Y la noche en vela
es mía.

28. Tuyo es el reino

Tuyo es el reino, Príncipe.
Tuyo el poder y la gloria
por siempre.

Amor.

29. Del poder del amor

Tienes el poder de los dioses
por este amor mío ilimitado,
esta fe mía en ti, sin condiciones.

Y eso que ni una palabra tuya
bastó para sanarme.
Se han hecho años los meses
de mi amor hacia ti.

Pero no imaginé jamás
que un universo de dos
fuera tan duro y complicado.

Y este amor tuyo
duele
a veces,
mucho.

30. Los hijos

I

Me nacisteis, como nacen los sueños,
y guardé y entendí el secreto de la vida
que las palabras no enseñan.

Un himno
que empieza en mi madre
y llega hasta Eva
y hasta el origen del mundo.

Y como ellas amé sin límites
los frutos de mi vientre
por los siglos y los siglos,
y fui diosa y fui madre
y amé a mis ángeles aún sin nombre
mientras los sentía dentro crecer y respirar.

Y como ellas, arrullé en mis entrañas
sus cuerpos adorados nueve meses,
y les enseñé a estrenar el mundo
criaturas perfectas y sagradas.

Y acuné al mundo acurrucado en mi pecho
en mis hijos y los idolatré y comprendí
el canto más antiguo de todos los tiempos:
el rito de dar vida en mi piel de mujer.

II

Y los días se llenaron de juguetes
de risas, de parques y luces y llantos
y volví a jugar y a cantar y a ser niña
y a descubrir con su asombro inocente
los colores, el viento y el sol.

Y el Príncipe siempre ocupado
se perdió otra infancia perfecta
en un reino cercano y alegre
de un país como Nunca Jamás.

31. No me escuchas

I

Si acaso te hablo de mí,
de mis trabajos, mis amigas,
nuestros hijos, mis tropiezos,
mis batallas a medias, mis triunfos,
y tienes el día oscuro
y amorodioso,
un desdén punzante,
amargo y desleal:

— No me interesa,
no me cuentes historias,
déjame en paz, vaya rollos.
Estoy harto,
ya tengo mis problemas,
no tengo ganas de niños
ni de nada, olvídame.

II

Yo también vivo con mis días, mis tropiezos
mis derrotas alegres, nuestros hijos
mis amigas...y, sin embargo, te escucho,
y recojo tus palabras
y tus gestos.

Y los agrando si son dulces
para sentirme mieltratada
y seguir a tu lado,
como hace el campo con el agua imprevista
que esas lluvias escasas, muy finas reparten
con ternura y bondad.

32. Primera Revelación en 2004

I

Y empecé a temer tu regreso
cada tarde como una amenaza
y me cuesta respirar, me oscureces;
y a partir de las siete ya no hay aire
ni luz, ni alegría, ni risa en la casa.

Y hoy ha sido el desorden
lo que ha hecho que estallen tus gritos
tengo a un niño en el pecho,
y a mi lado está el otro, que, aterrado,
te siente avanzar.
Lloran.

A patadas golpeas juguetes,
pisas libros y ropa en el suelo,

puñetazos en paredes y puertas.

Y los golpes retumban en casa

una vez

otra vez

y otra vez.

Y lo peor son tus voces. Ruges.

El estruendo es bestial

y nuestros niños se van a romper;

pero el mundo se para.

Y entonces

me oigo a mí misma pensando:

– ¡Qué suerte que no estén los vecinos!

¡No hay nadie que nos pueda escuchar!

II

Y veo la escena desde fuera
inmóvil, detenida, parada
y siento más terror todavía. Me escucho:
— Voy sin rumbo, sin cordura, sin juicio
si tan solo me importa de este infierno
que algún conocido se pueda enterar.

Y volvió el clamor. Tus bramidos.

Y apreté en mis brazos más fuerte
a mis niños, acuné en mi regazo
sus vidas sagradas
y juré.
Les juré: nunca más.
Nunca más.

33. Y la nevera duele

I

— Nunca más — en mi cabeza —
tengo miedo, y ahora ¿qué?

Miedo. Él
se había dormido temprano,
yo me acosté tarde
en el extremo de la cama.
Pero al sentirme,
entresueños
se despertó, y
empezaron los gritos
sin control, las luces,
y los golpes bestiales:
colchón, mesilla, pared y suelo.

— Por favor, no grites,
no los despiertes,
no despiertes a los niños,
por favor.

Y el ruido certero, el estrépito:
suelo, puerta, encimera, pared.
Le seguí a la cocina,
pasillo, luces, puerta, pared.

Yo, descalza, y hablando en voz baja,
él sordo, brutal, muy furioso:
papelera, plato, fuente, mesa.
— ¡Ya basta!, que los niños duermen.
¡Para! — el aire es tan poco
que mi voz no se oye, le sigo.

Lavavajillas lleno y abierto.

Patada, puerta, lavavajillas cerrado.

Cristales.

Millones de cristales de miedo,

la vajilla hecha añicos.

Mundo roto.

II

Y la nevera duele
en la piel
con esa dureza de lo inverosímil
mientras caes contra ella y
el mundo se invierte.

Tu corazón se oye y
se oye tan fuerte, tan fuerte
que retumba en el mundo pequeño
de la cocina y sientes su voz
que grita, porque el amor estalla
y se hace negro dentro de tu cabeza,
de tu pecho, de ti,
miedo, y desaparece el «nosotros».

Y los márgenes del infierno
lo abarcan todo.
Todo.

Te miras en el espejo
en tu mejilla, sus dedos
dibujados, de uno en uno,
arden.
Arden en la mejilla
en la frente
en el corazón.

III

Tendedero. Botella de ginebra.
— ESTA NO LA HAS VISTO, ¿EH?
Ya no oigo, ni veo, corro
al primer dormitorio y me cierro
con llave. Dentro, mi hijo pequeño
respira tranquilo.

Ginebra, hielos, encimera, golpe.

— Que no se despierten,
que no se despierten — en mi cabeza.

Y
en el otro dormitorio, mi niño mayor,
solo y dormido
y su puerta sin llave — mis niños
que no se despierten.

Silencio. Mis niños serenos
mis niños sagrados. No respiro.

Pasos. Puñetazo, pared, pared
puerta, suelo, mesilla, colchón.
Oscuridad.

Silencio. Silencio.
Ronquidos.

34. Nunca más

I

  Y esperé y esperé. Con un hijo
a mi lado, y la puerta cerrada;
sin dormir; y es que si se despertaba
mi niño mayor que dormía tranquilo
en su cama sin mí…

  Y la noche fue larga.
Esperé.

  Su despertador y sus pasos
la cocina, el olor del café, el cigarro
y el baño.
Y vía libre para mí. Pero el miedo
lo llenaba todo.

Las llaves.

– Buenos días – la voz clara
y alegre de mi amiga que
como cada mañana
venía a cuidar a mi bebé.

Y salí y él estaba en el baño.
Corrí al dormitorio
cogí mi ropa y mi bolso
y a oscuras, asfixiada de angustia,
y corriendo también, me vestí.

– Buenos días, ya voy – y
me acerqué a la cocina
y allí me senté. Y él volvió.

Me dolía el pecho.
Mucho.

— Buenos días — dijo,

y al pasar a mi lado, bajito:

— No tienes ni idea

de lo que soy capaz.

— Tu vida va a ser un infierno

a partir de ahora. Y se fue.

II

Yo llegué esa mañana al trabajo
aterrada. Diez horas a salvo, y su vuelta.
Pero no:
— Nunca más, nunca más.
Nunca más.

Y lo dije, lo conté en
voz alta. Lo dije.

Organizarme. Mis hijos.

Mi madre, mi hermana.
Mis amigas y amigos.
La verdad.
Las preguntas y el asombro.
Coches. Equipaje.

Servicios Sociales.

Guardia civil. Centro médico.

Policía Municipal.

La denuncia y el miedo.

Una casa refugio.

Mi coche escondido.

Mi teléfono móvil.

Sus llamadas.

Su familia y sus llamadas.

Mi miedo.

La verdad.

35. La Justicia[1]

El juzgado
y el vestíbulo
y mi miedo.

Él altísimo,
enorme.
Y su ramo de rosas rojas.
Para mí.

Su perdóname,
perdóname.
En público.

---

[1] En el momento en que ocurrieron estos hechos, todavía no se había aprobado la Ley Orgánica 1/2004 de Medidas de Protección Integral contra la Violencia de Género, que fue aprobada el 28 de diciembre de 2004 y publicada en el BOE, nº 313, del 29 de diciembre de 2004, pero que no entró en vigor hasta el 28 de enero de 2005.

Y todas las voces juntas
de estas semanas,
de toda mi vida.
Voces altísimas,
enormes.
Las preguntas.

No hay tregua.
La Justicia y su venda
en los ojos.
Su balanza anticuada
y
su espada tradicional.

Y, entonces, mi miedo
retiró la denuncia.

36. Las voces

I

Las voces no paran, son voces diarias
y duran meses. No saben, ni escuchan
solo hablan, y hablan y no paran
de hablar:

– Tienes dos hijos que no pueden
crecer sin padre. Una mujer sola
con dos hijos varones.

– No será para tanto, exageras.
No lo hagas, haced terapia
de pareja, lo que sea. Perdónalo.

– Mira, no me lo cuentes.
Prefiero no saberlo.

— Está enfermo, y, además
los trapos sucios se lavan en casa.
No sigas.

— Te ha perdido perdón,
ya cambiará, hay que aguantar.
No hay ninguna pareja perfecta.
No sé qué más quieres.

— Tiene genio, pero es buenísimo,
es muy trabajador, y es alto y guapo.
Ten paciencia.

— Vuelve con él, hazlo por tus hijos.

II

Ahora sí me acompaña
y me ayuda, y me busca,
y me escucha. Nos adora
a los niños y a mí.

Está siempre a mi lado
y son ya varios meses
sin gritos, ni peleas,
aunque no suba a casa,
¡qué bien! A todas horas:

– Perdóname,
no sé qué me ha pasado.
Iremos a terapia los dos.
Yo no puedo vivir sin ti.

– Os necesito a los niños

y a ti. Perdóname.

No pasará nunca más.

Nunca más.

Ayúdame, sé que podemos

superarlo. Todavía me quieres.

Lo sé.

Y quizá tenga razón y yo exagero.

Ha cambiado y comprende.

La Bestia se ha ido, y ahora

es Príncipe y Azul otra vez.

37. Y la culpa

Por mi culpa,
por mi gran culpa.

Yo confieso ante Amor todopoderoso
y ante vosotras, amantes,
que no le he amado bastante.
Y que le amaré más y más.
Y ruego a Julieta y Melibea,
a Ginebra y a Helena
que intercedan por mí.

Y prometo solemnemente,
no desconfiar más
de quien más me ama.
Y tener paciencia con él.
Por los siglos de los siglos.
Amor.

38. Salvarte

Que no sabes qué ha pasado y hoy vuelves a mí
con la sed del desierto que no recuerda el agua,
 y que no puedes vivir sin mi voz de colores
porque otra vez eres miel y azul y cielo dulce.

Y que en el fondo eres bueno como dicen las voces
y que no querías dañarme, pero yo soy muy sensible
y que el día a día te pesa como a una rueda el barro
y hasta amar te molesta y te agobia y te escuece.

Me cuentas historias, y yo intento entenderte:
no recuerdas nada, y das excusas ambiguas
sobre tus ofensas sin cuento y tus afrentas de hiel.

Quieres cambiar, y me pides ayuda y en círculo
tú destrozas abrazos, y yo me empeño en salvarte
del oscuro, de ti mismo, del alcohol... o quién sabe

de qué.

39. Empezar otra vez

I

  Y volviste a casa y
otra vez somos cuatro.
Y eran días de horas perfectas.

  Al principio mieltrato y cariño,
tus gestos diseñaron un mundo nuevo
y estrenábamos sonrisas, paseos,
excursiones y juegos, los colores
renovados, las risas, los lugares;
y creí que volvías al amor y al azul.

  Y pasaron más meses
y trabajos, recados, y bares,
atascos; tú alejándote
cada vez más ausente

yo corriendo a diario, de lunes

a lunes,

yo sintiendo, pero sin pararme

a pensar; y esa sonrisa aprendida

en los días perfectos…

y somos tres, quizás cuatro

con mi soledad o tu ausencia.

II

Hoy es sábado y somos tres en el parque:
– ¡Vaya pérdida de tiempo – dijiste –
jugar por la tarde a la familia feliz!
Te marchaste a ese sitio tan tuyo
donde las promesas de amor
pierden pie
y desaparecen.

Se me olvida, porque los niños saltan
ríen, se columpian cerca del cielo
como pájaros desatados hasta el atardecer.

Se me olvida porque con ellos, y a solas,
al llegar, la merienda, cocinamos y
la casa huele a bizcocho recién horneado.

Se me olvida porque llega el baño
y el olor de la cena y del pijama y
la piel limpia y alegre,
y los cuentos y el sueño...

Yo agotada,
los ángeles dormidos.

Y la puerta.
Los ojos vidriosos.

Se arrastran las sílabas
de tus disculpas.

Y yo oigo mi miedo.
Otra vez.

DONDE NACEN LAS ALAS
2009

40. ¡YA VERÁS!

En el salón, comemos
y somos cuatro, y el pequeño
dos cojines, que con uno
no llega hasta la mesa
ni al plato, todavía agarra mal
su tenedor.

Mi amor y mi miedo siempre
presentes, mezclados y aquí.
Lo intento una vez más; y le perdono
por el amor infinito que estudié
y que me enseñaron, día a día y
porque amor es él, su nombre es azul
y en el fondo es muy bueno.

Y el peque tira el agua
con su manita tierna.

y le cae a él, y le moja

y grita y coge un vaso y lo llena

y rebosante de agua y de ira

se lo arroja sin aviso

sin palabras y lo empapa

y mi pequeño llora

y yo mirando quieta, y aterrada

su mirada y mi silencio y el llanto

y lo cojo y abrazo sus lágrimas diminutas

y se oye la vocecita del hermano

que sí grita:

— YA VERÁS, UN DÍA

SEREMOS MÁS ALTOS Y MÁS

GRANDES

QUE TÚ

Y ENTONCES…

TE VAS A ENTERAR.

41. Y ya no sé

Y nos vamos,
somos tres y
los dos en mis brazos
y él sigue ahí
iracundo, bebiendo.

Y sus ojos turbios
y mi miedo.

Y el agua
y es su padre
y me callo y ya no sé
qué es amor y qué es llanto.

42. Segunda revelación

I

Estamos en la puerta
un descansito,
jornada de trabajo.

– Me marcho, me voy,
voy a romper.
Me divorcio – le dije
a mi compañera –
no puedo más.

Y lloré.

– Pero ¿es tan grave?
¿Qué te ha hecho?
Tranquilízate.

Mírame.

¿No te habrá pegado?

– buscando un pañuelo,

mi compañera – Dime.

– No – le contesté – bueno,

alguna bofetada o

algún empujón. Pero

pocas veces.

Un puñetazo en la espalda

otro día.

Pero pegarme,

pegarme una paliza,

no.

– Repítelo – me dijo –

repítelo en voz alta.

Y escúchate.

II

Y me escuché.
Horror.
Me escuché.

Y lo supe.
Nunca cambiará.
Y sentí el peligro.
Cerca.
Muy cerca.

– Nunca más – me juré –
ahora sí. Nunca más.

III

Comprendí que era un cuento terrible
con mentiras de finales a medias,
siempre en reinos felices.
Y que ese amor tan perfecto y romántico
era solo otro mito perverso,
con un impostor muy astuto,
seductor y egoísta
bautizado como Príncipe Azul.

Y busqué ayuda
para no correr riesgos.

Y viví en alerta
constante, día y noche.
Por mis hijos.
Por mí.

43. Traicionaste al Amor

No importa qué infiernos has podido construir
entre tus brazos,
el poder del amor que llevo dentro
me hace invencible
cuando creo en mí.

Tú, príncipe azul, tirano de la violencia
y de la herida
mercenario cruel que destrozas y
que matas
nombrando a un amor inexistente.

Mentiroso.

Ya no creo en el amor romántico
y nunca más te daré el poder inmenso

de mi amor ilimitado,

porque no lo mereces.

Irresponsable y traidor.

Brutal.

Hay otros finales que te interesa leer:

porque Bella

no cambio a Bestia: se marchó

y fue feliz sola e independiente.

La Sirenita

nunca dejó su océano perfecto:

porque miró dentro de ella y

se sintió completa y en paz.

No más sacrificios. No más princesas

frágiles.

Asesinadas.

No hay besos que rompan hechizos
ni caballeros en busca de damas
a quienes salvar. No existen los dragones
y no nos dejamos encerrar en las torres
ni en castillos indefensos,
en esta era de ser nosotras que ya ha llegado.
No más novelas en rosa de chica encuentra
chico para una dicha sin fin.
       No.

Y no somos princesas,
nosotras
tenemos nombre de mujer.

No hablarán de ti los libros,
no habrá otros príncipes
que hereden tus reinos lejanos,
has profanado el poder inabarcable
del Amor ilimitado que te dimos.

Ya no creemos en ti, príncipe traidor

y violento.

      Desleal.

Y damos fe de las

enormes

mentiras

que ha contado la Historia

de los príncipes azules en los libros

y en los cuentos infantiles, los relatos

heredados

que folclore y tradición

nos hicieron creer

hasta

      hoy.

44. Soy invencible

Busqué la fecha adecuada y correcta
para que no sospecharas.
Mientras, tuve una bolsa escondida
con lo imprescindible, por si acaso.
Y callé.

Hice el equipaje la víspera.
Vacaciones. Y te dije
que nos íbamos antes
y que tú vendrías
después.
Y me creíste.

Te marchaste al trabajo, era viernes
desperté a los niños y desayunando
les expliqué,

mirándolos, tranquila,

a los ojos tan inmensos:

   – No nos vamos de vacaciones.

Vamos a escondernos,

después yo hablaré con él.

Me voy a divorciar,

se tiene que ir de casa

pero esta vez no volverá.

Nunca más.

   Y antes del aluvión de preguntas,

dos sonrisas

me hicieron

invencible.

45. En guardia

I

Lo intentaste todo,
rogar, hablar, llorar, gritar,
enfadarte, amenazar.

Pero yo ya no te amaba.

En una semana volvimos
a la casa.
Tú te había llevado tus cosas
pero no te fuiste del todo.

Yo cambié la cerradura y la puerta.

Tú no me devolviste nunca
la llave del portal, ni del buzón.
Todavía las tienes.

Once meses enteros,
día tras día. Semana tras semana.
El asedio.

Tu coche detrás del mío
sin hablarme, solo mirando,
tus pasos detrás de los nuestros.

Conoces ahora sus clases de fútbol
y de natación; y vas a tu primera fiesta
en el cole
de los niños.

Entras a mi portal
con tu llave
y recoges cartas
de mi buzón,
con tu llave.

Yo cambio la llave
de mi buzón,
ahora entras al portal
y me esperas.

En el *email,*
en la calle
me sigues,
en el teléfono,
en la panadería,
en la farmacia
me sigues y
en el parque,
en las tiendas.

Me sigues.

Tu olor compacto, espeso.
Continuo.

Cerca. De mí. De los niños.

Intenso.

Tu sonrisa.

Tú me sigues y yo,

en guardia,

localizando las puertas

y de frente a las salidas.

Tú me sigues.

Pero mi miedo te vigila.

y es más fuerte.

II

Me agarraste,
intentabas un abrazo,
un beso.
Tu aliento y mi náusea,
en mitad de la calle.

– ¡NO ME SOPORTAS! – gritabas –
Ni siquiera disimulas ya.
No quiero volver a saber
ni de ti, ni de los niños.

Y el miedo y el infierno
se marcharon contigo.

Y ya no están.

46. NO VUELVAS CON ÉL

No me preguntes
por qué aguanté tanto,
ni por qué volví con él
la primera vez.

Mírame.
soy la rama distinta
de algún árbol feliz.

Tengo en mi vientre el poder de las diosas antiguas
que crearon sabias este mundo inazul,
no finjo irreverente que me gustan las manzanas,
no ondulo mis pasos como las olas en curvas,
desencanto príncipes con mis besos sin cuentos
y derroto lobos feroces.

Soy mujer.

Y

ya sé conducir aspiradoras;

esquivo armarios, juguetes rebeldes

y zapatos menudos,

limpio y ordeno mundos pequeños,

si arrullo con mi voz apago llantos...

pero

después de Barataria, ya no hay islas.

No existen reinos lejanos de felicidad

sin fin, el final de los cuentos es falso.

No vuelvas a su reino, ellos no cambian

si no saben amar. Recoge

el alma que te quede. Mira hacia dentro

y cree en ti

y en tus certezas.

Eres sabia.

Márchate.

Pero corre.

¡Corre!

47. Donde nacen las alas

I

Reíamos, la cara llenita
de helado.

Primavera de libertad
de paz y de sol limpio,
arco iris naciente.

Caminamos por la calle
de la mano,
mis niños y yo.

Supervivientes.
A salvo. Felices.

En el paso de peatones.
Un coche se para.

El mundo se detiene.

Me ayudaron
la primera vez que hui,
y ahora ven nuestras alas
mientras cruzamos.
Y se bajan del coche
y sonríen
y aplauden sin ruido.

Nos miramos
cómplices, alegres,
por encima de las cabezas
de mis hijos, de sus helados,
de sus caras de fresa y chocolate.

Y el mundo gira otra vez.

II

El primer verano. Los viajes.
Barco, avión, montaña, mar.

– Mami, qué suerte que el mundo
sea tan grande – me dice, mi hijo
en el coche.

Y su hermano
al oírle se ríe:
– Es verdad, qué suerte.
Suspira alegre, radiante.

El mundo es un lugar mejor.

III

Somos vida.

Porque nosotras, sí,
hechas de realidad y de ensueño
somos guardianas del amanecer
y de la paz.

Y reescribimos la Historia
sin los silencios que matan.

Con estas alas protectoras
que nos unen y nos hacen libres,
nosotras somos el origen
de todos los linajes de la Tierra.

Porque decir vida
es lo mismo que decir mujer.

Índice

Primera edición: enero 2026 ISBN: 978-84-127925-6-0 Depósito legal: M-1714-2026 IBIC/THEMA: DCF

Diseño de cubierta e interiores: Pack Up
Impresión: Estugraf

Colección MÍNIMA

Este libro se imprimió
en Madrid durante
el invierno de 2026